Otto-Heinrich Kühner

Blühender Unsinn

Neues Pflanzenbüchlein

in Versen

oder

Nachtrag zur Allgemeinen

Botanik

Illustrationen von Petr Horák

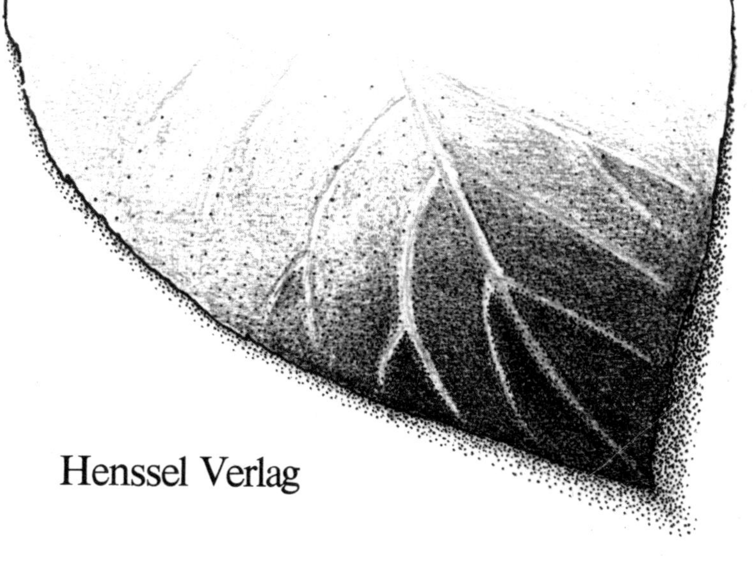

Henssel Verlag

In memoriam
Werner Brückner

CIP-Kurztitelaufnahme der Deutschen Bibliothek

Kühner, Otto-Heinrich
Blühender Unsinn: neues Pflanzenbüchlein in
Versen oder Nachtrag zur allgemeinen Botanik.
– 1. Aufl. – Berlin: Henssel, 1978.
ISBN 3-87329-201-7

Satz und Druck: Saladruck, Steinkopf & Sohn, Berlin

Pummerer pflanzt, neben der Gelben Rübe,
Auf seinem Mistbeet zarte Pflanzen der Liebe,
Sät, im März, Samen und Frieden, beides,
(Nie Samen der Zwietracht oder des Neides,
Vor allem nie Wind),
Und so, wenn sie gereift und gewachsen sind,
Erntet er, außer Rüben und Salat,
Jeden Morgen als Frucht seiner Saat,
Inmitten von Streit und Zank,
(Auf seinen, unter der Hand,
Angebauten 365 Morgen Land)
Lob, Frieden und Dank.

*

Im Garten, fühlend den steigenden Saft
Und die gestaute, überschäumende Kraft,
Die, zu Frühlingsbeginn, in ihm ruhte,
Riß er – so war ihm zumute –
Zur Ableitung dieses Kräftestaus
Vor Übermut zwar keine Bäume aus
(Nicht einmal eine Kübelpalme),
Statt dessen einige Halme
Und war dabei, die Brust geschwellt,
Ganz auf sich selber gestellt.

An Wintertagen blättert Pummerer (er bezog
Ihn aus Holland) oft in einem Blumenkatalog
Und schwelgt, ruhend auf seinem Sofakissen,
In Tulpen, Rosen, Hyazinthen und Narzissen:
'Shakespeare', 'First Lady', 'Dame de Cœur',
'Gloria Dei', 'Queen Mary' und 'Grand Couleur',
Erfindet neue Sorten: 'Ilse Seifried Aurora'
Oder 'Pummereriana purpurea grandiflora'.
Er erlebe schon, sagte er zu Nachbar Mommer,
Mit demselben Katalog den zweiten Sommer.
(Gegenüber Witwe Seifried versprach er sich
Und sagte 'zweiten Frühling', versehentlich)

*

Wie andere in Haus oder Garten die alten,
Bekannten Tiere, Hund oder Fische, halten,
Hält Pummerer sogenannte Gartenschädlinge,
Blattläuse, Apfelblütenstecher und Engerlinge.
Sie kämen, sagte er, sowieso ganz von allein,
Kosteten nichts, und man büßte sie nie ein;
Sie brauchten weder Käfig, Stall noch Gehege,
Auf Reise, versorgten sie sich selbst derweil,
Kurz, sie brauchten nicht Unterhalt oder Pflege,
Im Gegenteil.

Pummerer erhob Unkräuter wie Männertreu,
Tausendschönchen, Frauenmantel und Osterluzei,
Unkräuter also, die nach Klang oder Laut
Weit schöner als das eigentliche Kraut,
Als Weiß- und Blaukraut oder Wirsingkohl,
Als Kappes, Kohlrabi und Karfiol,
Auch lustiger: Ackerpfennig und Kälberkropf,
Hirtentäschel, Storchschnabel und Klappertopf ...
Erhob also einfach jene Unkräuter zum Kraut
Und hat sie in seinem Garten angebaut.
(Ein Zeichen, wie Pummerer auf Sprache vertraut)

*

Pummerer hält seinen Konsumzwang im Zaum
Und legt sich auf der Wiese unter einen Baum,
Kauft keine Lampen, Liegen oder Rouleaus,
Hat, trotz steigender Preise, alles kostenlos:
Liege, Licht, Schatten und frische Luft,
Auch Panorama und jederlei Art von Duft;
Ja, bisweilen fällt, mühe- und absichtslos,
Ihm sogar eine reife Frucht in den Schoß,
Und er genießt, durchaus unwürdig des Preises,
Die Früchte seines mangelnden Fleißes.

Prof. M., vom Havard Institute of Biology,
Kreuzte besonders empfindliche Rosen wie:
Solche, die Sonne wollten, aber nicht grell,
Andere, die Schatten wollten, jedoch hell,
Oder Halbschatten, also leicht durchsonnten,
Solche, die keine Zugluft vertragen konnten,
Andere, die es wasserarm, aber nicht allzu arm,
Das Wasser abgestanden wollten und zimmerwarm ...
Kurz, Prof. M. züchtete mit solch übergroßen,
Extremen Empfindlichkeiten: Neurosen.

*

Prof. F., Linguist, als er das Fenster schloß,
Hörte, daß es draußen im Garten schoß.
Aber, außer einen Sommerregen herniedergehn,
Konnte er, trotz Spähens, nichts weiter sehn.
Und dann – eindeutig – ein zweiter Knall,
Und nichts zu sehn! Ein seltsamer Fall!
Dann sah er den Regen, die Erde, den Salat,
Den hochgewachsenen Wirsing und Spinat,
Kurz, sah das Ganze
Und ahnte: Da schoß eine Pflanze!

Prof. F. redete planmäßig – hierin berühmt –
Sowohl blumig-geblümt als auch unverblümt,
Redete, mittels bestimmter Sprachmanier,
Etwa mit leerem, trockenem Stil: Papier,
Oder, wenn er es gebildet tat und elitär
(Sprach er zum Beispiel von Kyros, verwandte er
Den weniger gebräuchlichen Namen 'Cyrus') ...,
Redete also nicht nur Papier, sogar: Papyrus!
(Ein Fall, so sehen wir, beispielhaft
Für 'Angewandte Wissenschaft')

*

Prof. B., von der Hochschule für Landwirtschaft,
Gelang es jetzt – was bisher sehr zweifelhaft –
In jahrelangen Forschungs- und Züchtungsversuchen
Auf deutschen Eichen, Schwarzpappeln und Buchen
Äpfel und Birnen, ja, Sorten von weit entfernten,
Südländischen Früchten, wie Orangen, zu ernten.
(Der Minister, bei Verleihung der Liebig-Plakette,
Sagte, daß Prof. B. 'Lorbeer' geerntet hätte!)

Prof. K. gelang es vor kurzem, die diffizilen,
Heiklen Wachstumsvorgänge in Pflanzenstielen
(Bei Gräsern einer frisch eingesäten Wiese)
Mit den Methoden der sogenannten Elektrolyse,
Verstärkt durch entsprechende Elektronenröhren,
(Was deutlich als leise Entladung zu hören,
Das heißt, als leises Knistern und Krachen)
Kurz, jene Vorgänge hörbar zu machen,
Heikel deshalb, weil dieser Gelehrte,
Prof. K., das Gras wachsen hörte.

*

Als er nach Süden reiste von Büderich,
Südfrüchte (italienische Orangen) bei sich,
Da waren, ab Sankt Gotthard ungefähr,
Folgerte Prof. K., die Südfrüchte keine mehr,
Und als er weiter reiste, Richtung Alexandria,
Seien sie, ab 35. Breitengrad etwa,
– Italien lag unterdes im Norden –,
So meinte er, zu Nordfrüchten geworden,
Beziehungsweise, durch Verderb und Verzehr,
Botanisch gesehen, zu überhaupt nichts mehr.

Dr. H., spezialisiert auf alles, was alpin,
Erster Assistent an der Botanischen Disziplin
Der Wiener Universität, der also registrierte,
Daß die von ihm gezogene, stets respektierte,
Baumgrenze, die wissenschaftlich unumstritten,
Von einer Latsche (pinus montana) überschritten,
Daß sie nämlich die auf 2020 m festgesetzte,
Auch publizierte, Grenze um 201 m verletzte!
(Die Latsche steht heute im Alpinum von Wien
Als Beispiel verletzter botanischer Disziplin)

*

Die Anordnung und Einteilung der Blüte statt
In nur eines, in (was sie meist hat)
Staub-, Frucht-, Kelch- und Blumenblatt,
Das brachte dem Erforscher, Carl v. Linné,
Adelsstand, Ehre und Renommee,
Doch mir in Botanik nur
Eine schlechte Zensur,
Nämlich 'mangelhaft'.
(Eine typische Blüte der Wissenschaft!)

Ein Einzeller, durch Teilung sich vermehrend
(Also eine Fortpflanzung durch sich allein),
Somit unsterblich, aber in seinem Einsamsein
Jüngst einen anderen Einzeller begehrend,
Der mußte die Fortpflanzung zu zwein,
Mußte Sex, Nervenkitzel und Lüsternheit,
Erkaufen für den Preis der Unsterblichkeit,
Mithin: nur noch sterblich verliebt zu sein.
(Dieser Fall – eines Aufgußtierchens – steht hier,
Weil es, grün wie diese, mehr Pflanze als Tier)

*

Koralle und Schwamm, ebenfalls schiere,
Reine Pflanzen, nur 'Unterreich der Tiere',
Lebten jedoch, im Gegensatz oder Vergleich
Zu den Säugern etwa, also zum 'Oberreich',
Nach dem Tode weiter (und leben noch immer!)
In der Vitrine beziehungsweise im Badezimmer
Und können noch als Verstorbene obendrein,
Gleichsam im Jenseits, nützlich sein.

Gras, Pilz, Schilfrohr und Schnecke, im Mai,
Wetteiferten, wer von ihnen am schnellsten sei,
Und, um zu sehn, welche von ihnen gewännen,
Veranstalteten sie ein 100-Millimeter-Rennen.
Als Letzte und weit zurückgeblieben,
Erreichte das Gras 0,000 07
(Diesen Zahlen liegen zugrunde
Zentimeter pro Sekunde);
Das Schilfrohr erreichte 0,000 3
Und der Pilz 0,008, auf Platz zwei;
Erste wurde, mit 0,09 der gesamten Strecke,
Die Schnecke.

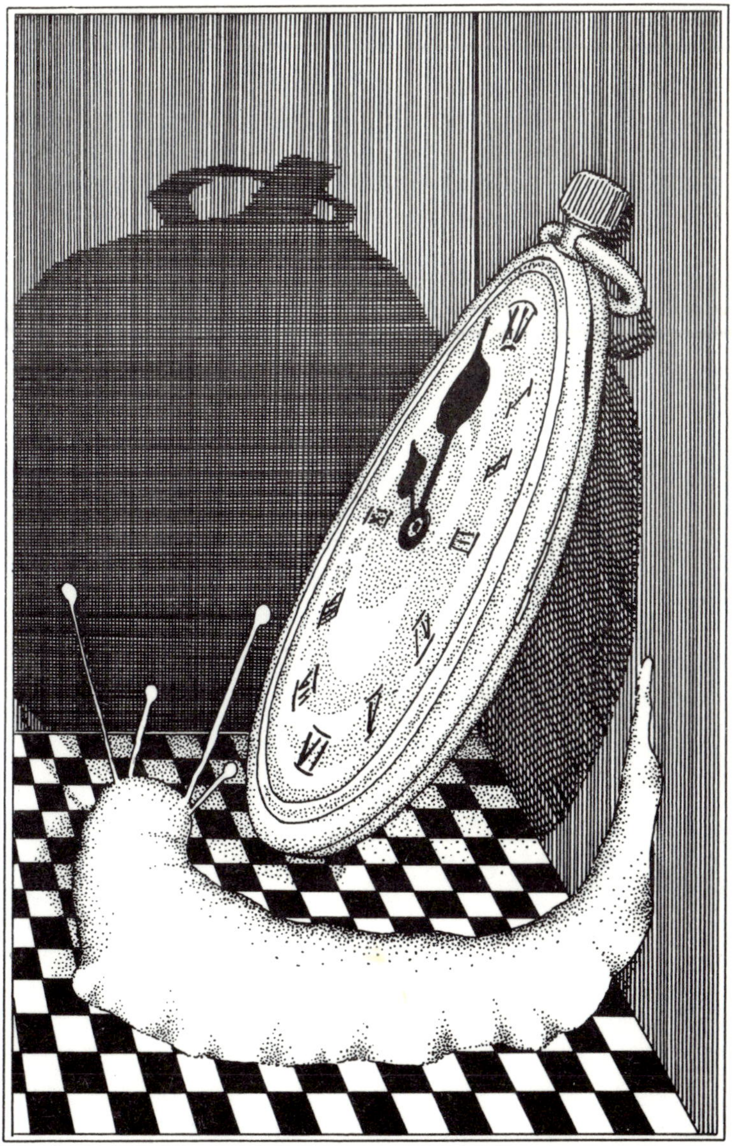

Von zwei Kirschblüten – zwei unzertrennliche! –
Wurde die weibliche durch die männliche
Im Frühjahr mittels Biene und Wind defloriert,
Eine Liebe demnach zu dritt, ja, zu viert!
Dasselbe auch bei den anderen Blüten natürlich,
Sogar mit Partnertausch, völlig willkürlich!
Es blieb nicht ohne, auf den Tisch gebrachte,
Früchte dieser Liebe, nämlich eingemachte.
(Wovon im Botanik-Lehrbuch nie etwas steht,
Und wer denkt bei Kirschkompott an Sexualität!)

*

Ein Apfelbaum, welcher scham- und sittenlos
Nach Art eines Bonvivants oder Beau's
Von seiner unwiderstehlichen Blütenpracht
Gegenüber anderen Bäumen Gebrauch gemacht,
Das heißt, mit ihnen flirtete und kokettierte
Und manches zarte Bäumlein verführte . . .,
Von eben diesem leichtfertigen Apfelbaum
Fiel, nach dem üblichen zeitlichen Zwischenraum,
– Blutjung, und schon gefallen wie eine Dirne –,
Fiel also, nicht weit vom Stamm, – eine Birne.

Die, hochwohlgeboren, 'Köstliche von Charneu',
Trachtend nach ihr gemäßem Verkehr und Milieu,
Fand keinen entsprechend anspruchsvollen,
Ebenbürtigen Partner, beziehungsweise Pollen,
Und so erwählte sich, faute de mieux,
Die, hochwohlgeboren, 'Köstliche von Charneu':
Williams, zwar nicht von Adel, also keiner
Wie 'Schöner von Boskoop' oder 'Gravensteiner',
Dafür keiner der Deutschen, die oft so fleckig
Oder im Schlafrock und fleischig rotbäckig,
Kein Deutscher also, den jedermann ißt,
Vor allem: Birne, nicht Apfel, und – Christ!
Doch dann – höchst delikat! – trieb sie's
(Wie die Frucht hieraus später eindeutig bewies)
Mit der 'Gräfin von Paris'!
(Und wurde so vornehm, daß an der besagten,
Nicht schlechtesten Frucht, die Wespen nagten)

Die Pilze stritten, bei wem es am triftigsten,
Von sich zu behaupten: ‘Ich bin am giftigsten’.
„Ich meuchelte als Beilage erlesenen Wilds
Eine ganze Familie!“ sagte der Fliegenpilz.
„So wie ich sie meuchelte, taten’s wenige!“
Sagte der Röhrling: „Erbprinzen und Könige!“
„Ich meuchelte“ – er blieb innerhalb des Bilds –,
Sagte stolz der Grüne Knollenblätterpilz,
„Ich meuchelte den, wenn auch unbeliebten,
So doch immerhin einen Papst, Clemens VII.!“
(Für einen Giftpilz scheint derartiges mithin
Der höchste Daseinssinn)

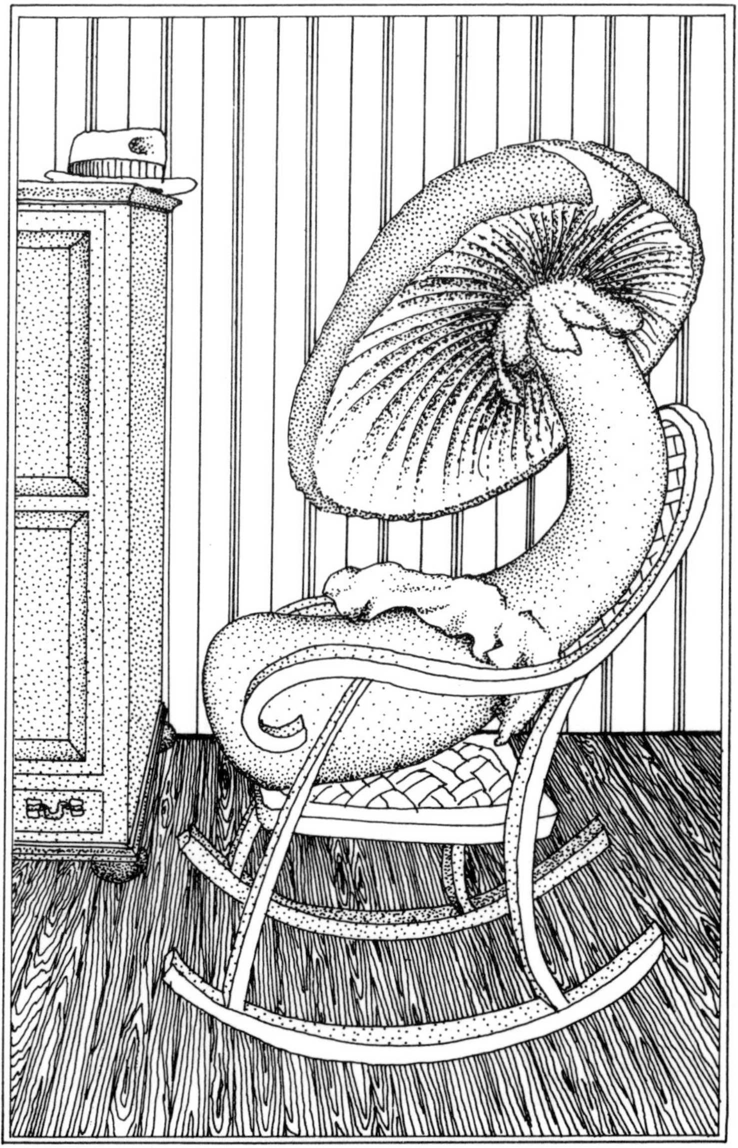

Es klagte das Gras
Jemandem, der in ihm saß:
„Die anderen Pflanzen so farbig blühn,
Und wir Gräser sind immer nur grün!
Warum sind wir nicht rot wie die Rosen
Oder wenigstens lila wie Herbstzeitlosen!“
Worauf der Angesprochene sagte: „Ihr seid
Wahrscheinlich nur grün vor Neid!“
(Da stieg angeblich, nur sah man es nicht,
Dem Gras das Schamgrün ins Gesicht)

*

Nach einer anderen Version klagte grüblerisch
Ein Seegras das Betreffende einem Fisch,
Worauf dieser – es war eine Barbe –
Antwortete, auch grün sei eine Farbe.
Alles andere, das mit der Scham und dem Gesicht,
War dasselbe in Grün. (Siehe obiges Gedicht!)

Eine Glockenblume, eine sehr modebewußte,
Unglücklich, daß sie zu grün blau tragen mußte,
Erklärte dies einfach als die neueste Mode
Und begründete so eine neue Modeperiode.
Auch die Kornblume, um mit der Mode zu gehn,
Sowie Veilchen und Enzian fanden's nun schön;
Und als ihre Blätter unversehens gefleckt,
Sagten sie, nun trage man schottisch-gescheckt,
Und zeigten einfach, Anfang September schon,
(In einem siena-chamois gemusterten Ton)
Die neuesten Modelle der Herbstkollektion.

*

Im Vergleich zur Hortensie war die Quecke
Ohne Schönheit und andere höhere Zwecke,
Hatte aber (jene, hinsichtlich ihres Blaus,
War ohnedies über die erste Blüte hinaus),
Hatte also, als Quecke, nichts zum Verblühn,
Auch nichts zum Verduften wie der Jasmin,
Konnte auch nie zu einer verjährten,
Das heißt, verblühten, Schönheit werden,
Wurde nicht schöner, ja, noch mißgestalter,
Erreichte aber dafür ein schönes Alter.

Ein Buchensamen von nur 0,02 Gramm Gewicht
Machte mittels Luft, Wasser und Sonnenlicht,
Also mittels Photosynthese und Assimilation,
Mengen von Zucker etwa, Stärke und Ozon,
Vor allem – und das alles kostete nichts! –
Ein Quantum Holz rund 5000 Kilogramm Gewichts,
Das heißt, aus den ursprünglich 0,02 Gramm
Einen 12 Meter hohen und 2 Meter dicken Stamm,
Auch noch, als Zugabe: Farbe, Wärme und Duft,
Und das alles aus nichts als Luft!
(Ein, fern von allen Wirtschaftssystemen,
Von Anfang an aufstrebendes Unternehmen!)

Noch völlig unwissend, kam eine kleine Fichte
In die Baumschule, damit man sie unterrichte.
Dort lernte sie zwar – beispielsweise –,
Daß sie auf lateinisch 'Picea' heiße,
Aber die simple Brennessel 'Urticacea'
Und der Gemüsekohl gar: 'Brassica oleracea';
Lernte: mit einer sehr flachen Wurzel versehn,
Könnten Fichten Stürme nur schwer überstehn,
Sie altere schnell, ihr Wert sei nicht groß,
Sie werde früh gefällt, oft zu Brennholz bloß . . .
(Voller Minderwertigkeitsgefühle und Grübelei,
Fragt die Fichte nun, wozu Wissen nütze sei)

*

Ein Tannenbaum, der (besonders bei Katechesen)
In der Baumschule bester Schüler gewesen,
Der sah, stehend auf einem Weihnachtstisch,
Wie die Menschen mit ihm verschwenderisch:
Nur einmal angezündet und an ihm gesungen,
('Stille Nacht', 'Es ist ein Ros entsprungen')
Und schon ausgedient, ohne mit seinen Gaben
Irgendwen entzündet oder erwärmt zu haben!
(In einer Art Selbstverbrennung entstand
Immerhin durch ihn noch ein Zimmerbrand)

Obwohl alles Bestimmung ist, was einem blüht,
Grübelte ein Pflanzenkeim, allzu verfrüht,
Was für einen Blütenstand er haben wollte:
Eine Rispe oder Traube, Ähre oder Dolde,
Oder gar eine – was noch attraktiver wäre –
Doldentraube, nein: Doldentraubenrispenähre!
Doch dann wurde er, ach, unausweichlich, weil
Nach dem Pflanzenbestimmungsbuch von Schmeil,
(Seite zehn, Absatz drei) eine Bryophyte,
Das heißt, eine Pflanze ohne Blüte,
Ja, eine nicht nur blüten-, sogar blattgrünlose,
Abart der Moose.

*

Eine Mimose glaubte, entschlossen, sie wäre
Ein Steinbrech, eine Distel oder Stachelbeere.
Doch umsonst. Weil eben nur eine Mimose,
Blieb ihre Zuversicht eine aussichtslose,
Nämlich, bei ihrer spezifischen Eigenschaft,
Mimosenhaft.
Man erkenne hieran, sagte ihr eine Pomeranze
(Ihre gemeinsamen Empfindlichkeiten erlauben's),
Den Unterschied der zarten Pflanze des Glaubens
Zu dem Glauben einer zarten Pflanze.

Laut Tabelle erreichen die Vertreter
Der deutschen Waldbäume 20 bis 30 Meter;
Weiter besagt sie, daß etwa Eichen
40 Meter, die Fichten 60 Meter erreichen;
Der höchste Baum ist, laut ihr, (in den USA)
Der Mammutbaum mit 150 Metern etwa,
Der Eukalyptusbaum sogar noch etwas mehr,
Das alles – was unerheblich – nur ungefähr.
Jedenfalls sorgt, nach Vernunft und Gebühr,
(Bei einer noch so oberflächlich laxen,
Großzügigen Handhabung) jene Tabelle dafür,
Daß die Bäume nicht in den Himmel wachsen.
(Selbst nicht, trotz seiner Besonderheiten,
Im Land der unbegrenzten Möglichkeiten)

*

Eine Zeder war, nach eindeutigem Sachverhalt,
Eintausendeinhundertvierunddreißig Jahre alt;
Bei einer Linde dagegen waren es nachweisbare
Eintausendeinhundertsiebenundsiebzig Jahre;
Doch nutzte ihr der Triumph dieses Übergewichts
Nichts; sie hatte jedenfalls nichts davon,
Sie stand in Hessen, die Zeder im Libanon,
Und das war, zumal bei ihrer Unbeweglichkeit,
Obwohl im 'Nahen Osten', – weit.

Der Rhododendron, sah ich, mag nicht die Nähe
Des Heidekrauts, der Glockenheide und Azalee,
Auch Liguster, Immergrün und Oleander
Vertragen sich offenbar nicht miteinander
(Und stören meinen, sonst so soliden,
Häuslichen Frieden).
Dabei sind, nach Blätter- oder Blütenstand,
Die erwähnten Pflanzen miteinander verwandt.
Selbst Myrte, Maulbeer- und Gummibaum
Leben nicht ohne ausreichenden Zwischenraum ...
Jedenfalls lassen sie alle bei einem zu engen,
Nahen Kontakt gekränkt ihre Blätter hängen.
(Ein Beispiel dafür, so kann man sehn,
Daß Nahestehende sich selten nahestehn)

*

Ein Wegerich,
Aufgewachsen am Straßenrain
Zwischen Simmersbach und Seligenhain,
Der also fand später sich,
Gepreßt und zerlegt mit einer Pinzette,
Was er ja alles noch ertragen hätte,
Aber – und es ging ihm einzig hierum –
In einem völlig staubfreien Herbarium.
Jedenfalls findet der Wegerich
Gerade dies jetzt in höchstem Grad widerlich
Und würde gerne wieder in den, so entbehrten,
Staub der Straße gezogen werden.

Es werden Salomonsiegel und Ehrenpreis,
Adonisröschen, Himmelschlüssel und Edelweiß,
Augentrost, Edelherzwurz und Mädesüß
Ein Fraß des Viehs;
Andrerseits ergeben Dreck, Jauche und Schlamm,
Staub, Mist, Fäkalien, Schimmel und Schlamm
(Worauf sogar Lupine oder Immortelle sproßt)
Ein so schönes Wort wie 'Kompost'.
Nennte man ihn so – gar in einem Sonett –,
Machten schöne Worte auch den Kohl doch 'fett'!

*

Frau Hilde Graf, eine geborene Lyrikerin
(Amtlich: eine geborene Picht aus Rott a. Inn),
Las bei einer Dichterstunde im Weinheber-Saal
Eigene Gedichte über den Inn, ihr Heimattal,
Über Huflattich, Kamille, Minze und Mistel,
Über Knabenkraut, Salbei und Ackerdistel ...
(Hinterher saß man zusammen in einem Café,
Und da sah man's: Sie trank nur Kräutertee)

Der hier (weil nicht existierend oder kaum)
Nicht abgebildete, 20 bis 30 Meter hohe Baum
Ist der in der Botanik als sogenannte
'Schein-' oder 'Falsche Akazie' bekannte,
Also ein unrichtiger, unwahrer, mithin kein,
Beziehungsweise nur ein Baum zum Schein,
(Die Blätter weder glattrandig oder gegliedert,
Weder gelappt, gesägt, gezähnt oder gefiedert),
Kurzum – weshalb auch nicht abgebildet – nur
Eine Einbildung oder Täuschung der Natur,
Allenfalls, im Sinne solcher Verneinung,
Eine Naturerscheinung.

*

Die Binsen, von der Ordnung der Lilifloren,
Wachsen an Seeufern, in Sümpfen und Mooren,
Meist in unseren kühleren nördlichen Breiten,
Und zwar in (durch die geologischen Zeiten
Von Tertiär, Kreide, Jura und Trias bewahrten)
Dreihundert krautigen, grasähnlichen Arten,
In durchweg größeren Kolonien und Verbänden,
Die Blüten in meist vielblütigen Blütenständen.
(Alles dies – Lilifloren, Tertiär oder Breiten –
Sind die einzigen und echten Binsenwahrheiten)

In einer Bibel, hinter dem Vorsatzblatt,
Gelangte, über Indus, Euphrat und Ararat,
Im Gepäck dreier Generationen von Missionaren
Nach einhundertundsiebenundzwanzig Jahren
Ein noch lebensfähiger Lotosblumenkeim
In den Pfarrgarten von Buch-Sindelheim,
Wo er zu einer Lotosblume keimte, gerad
Neben einem ganz gewöhnlichen Kopfsalat.
Dem Prediger, streng reformiert, mißfiel
Deren zügel- und maßloser Mackartstil,
Der jeder calvinischen Schlichtheit spottet,
So daß er sie mit Stumpf und Stil ausgerottet.
(Dies ist eine weitere, hiermit veröffentlichte,
Biblische- oder auch eine Naturgeschichte)

Im Diakonissenhaus verzehrte sich
Eine Kübelpalme, zumal, wenn es winterlich,
Unaussprechlich sehnsuchtsvoll
Nach ihrem fernen Atoll,
Eine Zimmerlinde, aus gleichem Empfinden,
Nach Größe, Ehrenmal und anderen Linden.
Jedoch statt Bienengesumm, Ehre und Stolz
Nur ein Korridor; statt des Atolls
Nur ein Heizungsrohr!
Und die Sehnsucht, die beide verzehrte,
Blieb eine ungehörte,
Deshalb hauptsächlich,
Weil sie (zumal bei Pflanzen) unaussprechlich.

*

Ein Wiederkäuer,
Durch seinen sogenannten Pansen
Eingerichtet für Pflanzen,
Verlegte sich heuer,
Wo rings weit und breit
Neu-, Jetzt- und Eisenzeit,
Im guten Glauben auf Mähdrescherschrauben,
Cellophan und Teile der Eisenbahn,
Ließ sich anschließend nieder,
Kaute wieder, wieder und immer wieder ...
Und kehrte (ohne die einschlägige Literatur,
Etwa Rousseau) zu kennen, zurück zur Natur.

„An die Deutsche Botanische Gesellschaft. Warum
Ist die Rübe frech und das Bohnenstroh dumm?
Wieso achtet man, die doch wertfrei, so gering:
'Nicht die Bohne wert', 'Keinen Pfifferling'?
Oder auch solche Verunglimpfungen wie diese:
'Nettes Pflänzchen', 'Früchtchen', 'Junges Gemüse'!
Und mit MG, Schlacht, Gewehr, also Schießerei'n,
Haben 'Garbe', 'Feld' und 'Korn' nichts gemein!
Wir fordern, sich auf das Naturrecht zu stützen
Und die Pflanzen naturgesetzlich zu schützen!"

*

Da man bei Gewittern, hinsichtlich Bäumen,
Laut Reim (also in deutschsprachigen Räumen)
Buchen suchen soll und vor Eichen weichen,
Soll man dann Weiden meiden, bei Eiben bleiben,
Bei Föhren sich verhalten wie bei Vogelbeeren?
Und was tun bei Akazien, Robinien oder etwa
Einem Amberbaum (Liquidambra styraciflua)?
Oder wenn es gar, so sehr man auch rennte,
Keine Eiche gibt, vor der man weichen könnte?

In Erfurt hat vor kurzem ein Komitee
Von Sachverständigen der DDR und der BRD
– Es war schon seit langem damit betraut –
Das 'Deutsche Schimmel- oder Fadenkraut'
(Lateinisch: 'Filago germanica'),
Hat also dieses, wie es mit vielem geschah,
Getrennt, nach einem diesbezüglichen Protest,
In 'Deutsches Schimmelkraut Ost und West',
Oder lateinisch: 'Filago germanica
I (foederalis) und II (democratica)'

*

Auf einer Wiese bei Priestewitz in Sachsen
Die unterschiedlichsten Pflanzen wachsen:
Der 'Königsfarn', also ganz elitär die eine,
'Kuhblume' die andere, sogar die 'gemeine';
Die einen vertilgt, die anderen geschützt,
Die eine, die schadet, die andere, die nützt,
Nützlich selbst noch das Gras, etwa den Kühen,
Andere dagegen, die nichts tun als blühen,
Und auch hierbei solche, die meistens ruhn,
Und andere, die es wenigstens wochenlang tun.
Mithin, in allem, was da wuchs und blühte:
Parasiten, Ungleichheit, Klassenunterschiede,
Auch Individualisten, rote, blaue und gelbe ...
Und das alles auf einer Wiese östlich der Elbe!

TARAXACU
OFFICINALE
W.E.B.

Der bei uns vorherrschende Deutsche Dichterwald,
Bestehend, teils aus andächtigem Aufenthalt,
Teils aus kaum einem Hauch, aus Lust und Wehen
Oder: durch ihn so für sich hinzugehen . . .,
Ein Wald also, außer mit Bäumen und Büschen,
Mit vielerlei, ja, Widersprüchlichem, dazwischen;
So ist (etwa im Vergleich zu grauen Theorien)
Des Lebens Baum hier, obwohl golden, grün:
Botanisch beziehungsweise naturgeschichtlich,
Ein Mischwald demnach, ganz offensichtlich.

*

Zwei deutsche Eichen, noch voller Stolz
In ihrem 1000-jährigen, vermoderten Holz,
Die kämpften in einem – offen erklärten –
Krieg, ob sie einander überleben werden,
Kurz, wer imstande, den anderen auszustechen,
Ein, hörbarer, Kampf auf Biegen oder Brechen.
Erst war es noch, trotz Sturm und Moder,
Das Biegen, doch bald das ‘oder’,
Aber, selbst noch im Staub,
Der Unterlegene geschmückt mit Eichenlaub!

Die Zinkveilchen lieben Zink, der Ackersalat
Und der Mohn lieben Kalk, die Quecke Nitrat:
Also, je nach den darin enthaltenen Substanzen,
Sogenannte 'bodenanzeigende' Pflanzen.
Demnach liebte offensichtlich die Eiche
(Groß-)deutschen Boden, vom alten Reiche,
Das Edelweiß unbetretenen, der Löwenzahn
Boden der Wirklichkeit neben der Autobahn,
Die Brennessel wiederum öden und heißen,
In Stadtrandnähe, mit steigenden Preisen,
Jene Sorte von unzüchtigen Hede- und Knöterichen
Abschüssig lockeren oder jungfräulichen,
Der Pfeffer fremdländischen, in Haidarabad,
Und der Ginkgo biloba einen Naturlehrpfad.

*

Die Kraniche, Boten des Frühlings, ziehn;
An Lärchen und Weiden sproßt junges Grün;
Die Drosseln singen im Morgengrauen,
Spatz, Elster und Fink ihre Nester bauen;
Amsel, Waldkauz und der heimische Reiher
Legen, ja, bebrüten schon ihre Eier ...
Der Lenz zieht ein in Feld, Flur und Wald.
(Laut Bonner Bundesnaturforschungsanstalt)

Schuberts Lindenbaum, der Brunnen desgleichen,
Mußten, so las man, einer Schnellstraße weichen,
Wie überall Gras und Baum längs der Straßen
Dem Autoverkehr wichen: Raserei statt Rasen,
Parkplätze statt Parks, und statt des Walds
Schilderwälder und Schlagbäume allenfalls,
Statt der Lebens- eine Autobahn
Und 'Pan American' statt Pan:
Der Weg von der unbelebten (anorganischen) zur
(Von Autos und Baggern) belebten Natur!

*

Als der letzte Strauch unabänderlich
Dem Asphalt und der Straße wich,
Als, mithin, die ganze Natur
– Feld, Wald und Flur –
Laut Straßenbauförderungsgesetz
Ein einziges Straßennetz,
Gab es immerhin an dieser und jener Stelle
Noch eine *Grüne* Welle
Sowie, kraft jenes Gesetzes,
Zweige des Straßennetzes,
Und, wachsend mit dessen Dichte und Güte,
Sogar eine Wirtschafts*blüte*.

Später einmal wird es an pflanzlichem Leben
Weithin nur noch Bäume aus Kunststoff geben.
Im Herbst werden sie mechanisch entlaubt,
Die Blätter aus- und dann wieder eingeschraubt;
Das Nötige an Düften, würzigen oder süßen,
Auch an Ozon, kommt aus entsprechenden Düsen,
Und die Blätter, nach Jahreszeit einstellbar,
Rauschen, mittels eines Luftgebläses, sogar.
Da die Bäume aus Kunststoff (Polyäthylen),
Sind sie ersetzbar, können auch nicht vergehn,
Sind also viel perfekter und effektiver
Als die Natur, als die echte Buche und Kiefer;
Außerdem sind es naturgetreue, naturgemäße,
Naturalistische Bäume in natürlicher Größe!

*

Am Bahndamm, jener arme Sauerampfer
Sah späterhin nicht nur keinen Dampfer,
Sondern, seit die Strecke letzte Dienste getan,
Nicht einmal mehr eine Eisenbahn;
Und seit man ihn selber – das letzte Kapitel –
Vernichtet mit einem Unkrautvertilgungsmittel,
Sah er, neben dem Schiffs- und Bahnverkehr,
Überhaupt nichts mehr.
(Der dreifach arme Sauerampfer!)

Ein Zittergras,
Das keinen Wind mehr zum Zittern besaß,
Fürchtete so sehr,
Es existiere somit nicht mehr,
Daß es, solange kein Wind darüberstrich,
Dennoch zitterte – eben um sich.
Bei der Espe, übrigens, und dem Rohr
Liegt Ähnliches vor;
Dort, als Beispiele für Beben und Wanken,
Etwa bei dem 'Knaben im Moor'
('Zitternd wie Espenlaub', 'ein schwankes Rohr'),
Besorgten Dichter das Zittern und Schwanken.

*

Eine Amsel, die unreife Äpfel gefressen
Und an Durchfall (Diarrhöe) litt infolgedessen,
Die nahm, als Gegenmittel, gut zerkaut,
Herba Centaurii oder Tausendgüldenkraut
Und, um dem Gegenteil (Obstipatio) zu wehren,
Vorbeugend Sambucus nigra, Holunderbeeren.
(Bei Stimmritzenkrampf nahm sie offizinell
Käsepappelblätter oder Malva rotundifolia L)
Man sieht, die Natur, nicht uneinsichtig,
Tut aus Instinkt und ohne Rezept, was richtig.
Ich frage nur – Vorsicht also, bevor du lobst! –,
Warum fraß die Amsel erst unreifes Obst?

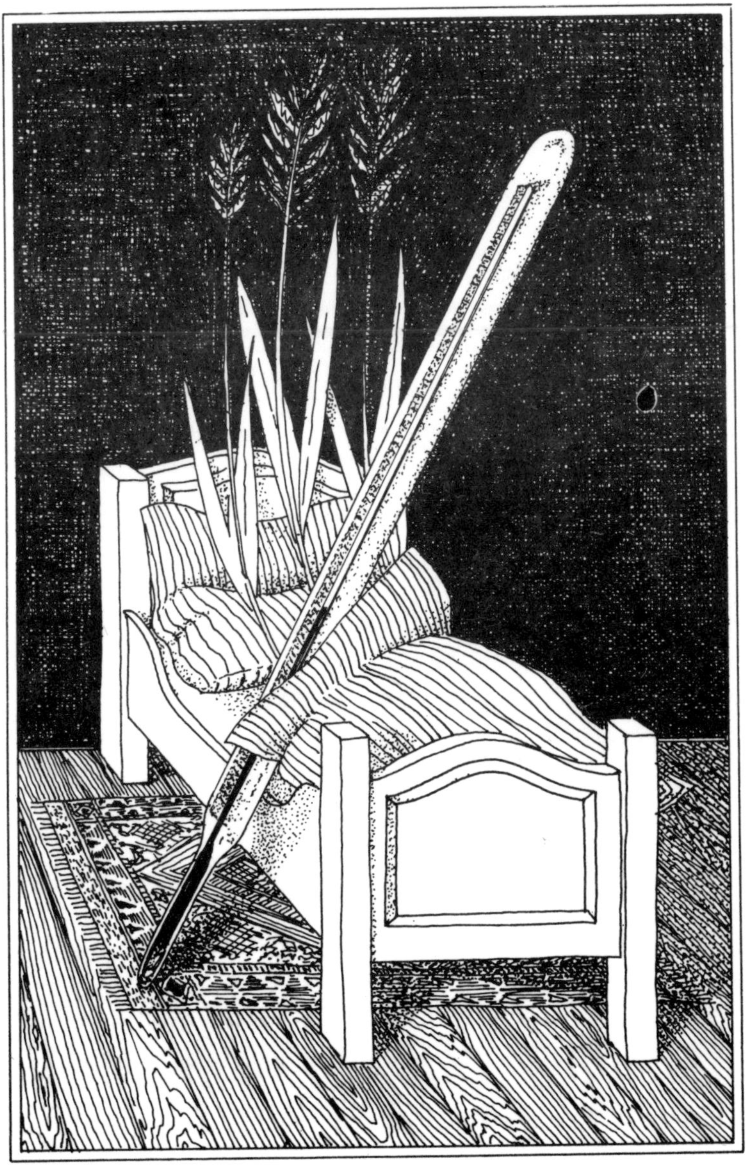

Frau L., eine Lehrerin, streng emanzipiert,
Unfleischlich und, wie die Natur, unberührt,
Liebhaberin dessen, was sprießt und sproßt,
Und eingefleischte Esserin von Pflanzenkost,
Die hoffte, bei ihrem vegetarischen Ernähren,
Sich auf entsprechende Weise zu vermehren,
Durch Keimblätter etwa, Pollen und Sporen,
– Sie sei selber als natürliche Tochter geboren –,
Und aß weiterhin nur Obst, Gemüse und Salate,
Kräuter und Früchte, harrend auf die Resultate ...
Prompt wurden Tochter Beate und Sohn Hänschen
Früchtchen beziehungsweise Pflänzchen.

*

Sie las jetzt, es seien nur deshalb die Beeren
So groß und schön, damit Tiere sie verzehren
Und damit sie hinterher, gleichsam entkernt,
Möglichst weit von der Mutterpflanze entfernt
(Genauer: die, mit dem Fruchtfleisch verzehrten,
Kerne), zur Arterhaltung ausgeschieden werden.
Frau L., im Wissen um solches, ißt seither
Nur noch heimlich oder gar kein Kernobst mehr,
Vor allem dann, wenn sie sich nach dem Genuß
Von dem Ort des Verzehrs weit entfernen muß.

Frau L., für die als Muster und Vorbild nur
Pflanzliches galt, das heißt, die Natur,
Las von der Mistel – was ihr sehr widerstrebte –,
Daß sie, parasitär, von fremden Wirten lebte;
Ja, las vom Sonnentau – welche Ironie! –
Einer tier- oder fleischfressenden Pflanze, die,
Wo man selber, aus Fleisch, nur Pflanzliches aß,
Ihrerseits als Pflanze Fleischliches fraß!
Doch im Hinblick hierauf und den fremden Wirt,
Glaubte sie fest, daß die Natur sich irrt,
Schloß aber mit sich einen Kompromiß und Pakt
Und verwendet seither Pflanzenfleischextrakt.

*

Sie gebrauchte auch im Unterricht Worte wie
'Fortpflanzung' oder 'Bestäubung' so gut wie nie
Und bevorzugte überhaupt von all diesen Übeln
Die Vermehrung durch Wurzeln etwa und Zwiebeln,
Neigte innerlich zur Lilie (die sich sträubte,
Es tags zu tun, und nur bei Nacht bestäubte),
Noch mehr: zur Selbstbestäubung oder zur
Jungfernzeugung, kurz, zur unberührten Natur.
Sie sprach, behandelte sie die Arten im Ganzen,
Auch meist nur von den bedecktsamigen Pflanzen,
Bei den nacktsamigen nur von den größten,
Und nicht von 'nackten', sondern 'entblößten'.
(Jetzt, so hörte man, bezichtigte man sie
Der nackten Prüderie!)

Paprika, Pimpernell, Boretsch und Majoran,
Sellerie, Zwiebel, Zimt, Kümmel und Thymian
Nahmen (weil all jenes ebenfalls würzt,
Sei es witzig, gepfeffert oder gekürzt) . . .,
Nahmen also auf in den vielstimmigen Chor
Der Gewürze:
den Humor
und die Kürze
Sowie, in Form feinen Korns und Kristalls,
Das Attische Salz.

*

Sowohl Mangold, Spinat und Karotten als auch
Kohlrabi, Dill, Rettich, Wirsing und Lauch:
Eine Unordnung, ein Sammelsurium verschiedener
– Normalerweise sonst streng geschiedener –
Gemüse, hier lediglich dazu verwandter,
Damit Kraut und Rüben durcheinander,
Obwohl sie alle, Kraut, Kohl oder Möhren,
Einer Ordnung – den Choripetalae – angehören!
(Was hiermit also, sozusagen
Der Unordnung halber, nachgetragen)

Nachwort

Die hier beschriebenen Pflanzen sind im wahrsten Sinne des Wortes auf dem eigenen Mist, oder feiner: im eigenen Garten gewachsen, nämlich in dem zweier versponnenkauziger Gärtner, Gewächse ganz eigener Art mit wunderlichen Blüten. Erstaunlich, was so stumme, leblos erscheinende Wesen wie die Pflanzen Absonderliches an sich haben, vor allem: wieviel Menschliches! Weshalb der Zeichner sie auch allesamt aus dem Garten ins Hausinnere geholt hat. Wie sie dem Menschen – bis zur Gleichnishaftigkeit – gleichen! Kein Wunder, daß die Wissenschaftler gerade dabei sind, den Pflanzen Seele und Verstand nachzuweisen! Wie müssen dann die Pflanzen ihrerseits darüber erstaunt sein, daß, beispielsweise, unter ihren Wurzeln der Quadratmeter steiniges Ödland in Stadtrandnähe hundertmal mehr kostet als der schwarze, fette Humus am Waldrand! Pflanzen sind in der Tat vernünftiger und auch zufriedener als der Mensch. Und trotzdem spricht dieser von 'vegetieren'! Wenn die Pflanzen seine Sprache, die er ihrer Welt entliehen hat, beim Wort nähmen! Sie straften ihn fortgesetzt Lügen, überführten ihn ständiger Denkfehler und Trugschlüsse. Er dürfte sich jedenfalls nicht wundern, wenn 'todsicher ungiftige' Pilze so wirkten, wie es von ihnen heißt.

Vervollständigen wir, Gartenfreunde, Blumenliebhaber und Biologielehrer, Sachverständige des Umweltschutzes,

Forstfachleute und Besitzer von Grund & Boden, vervollständigen wir also unsere Kenntnisse in der Botanik durch die vorliegenden, hier gesammelten Seltsamkeiten, Halbwahrheiten, Zwei- und Mehrdeutigkeiten, durch die neuen 'Metamorphosen der Pflanzen', nicht die eines Ovid, nicht mythologisch, sondern komisch und skurril. Blühender Unsinn statt blühende Nelken. Buchblätter statt Pflanzenblätter.

O. H. K.

Man sollte meinen, es falle schwer, nach *Kuttel-Daddeldu* noch gute Nonsensverse zu schreiben. Jedoch gerade dieses beherrscht Otto-Heinrich Kühner, den Lesern wichtiger Zeitungen als Randspaltenlyriker bekannt, ohne sich dem Vorwurf auszusetzen, seine Reime wären epigonal. Das Raffinierte ist Kühners Wortwahl, das spielerische Aufdecken von Wortgehalten mit ihrem Über- und Hintersinn. Man liest seine Verse, schmunzelt, lacht kräftig und fühlt sich mit einem mal von vielem befreit.